Macarons schmecken nicht nur fabelhaft, sie sehen auch noch fantastisch aus! Dabei eignen sie sich ideal zum Verschenken von Kleinigkeiten. Und das zu jedem Anlass. Ob Sie einem neuen Erdenbürger oder einem frisch vermählten Paar gratulieren möchten – hier finden Sie garantiert das richtige kleine Geschenk.

Die kleinen Baisers werden von Hand genäht – es ist keine Nähmaschine notwendig. Ich hatte viel Spaß beim Nähen und konnte gar nicht mehr aufhören. Ich bin mir sicher, es wird Ihnen bald genauso gehen.

Viel Spaß beim Nähen des zuckersüßen Baisergebäcks

N. Winter-Loers

Punkte sind überall beliebt –
egal ob bei Jung oder Alt.

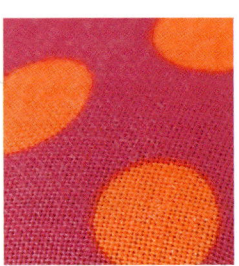

Für fröhliche Akzente

Macarons mit Tupfen

GRÖSSE
ca. 3,8 cm

MATERIAL
MACARONS
* Stoff außen: Baumwollstoff mit Tupfen in Pink-Orange, Lila-Grün und Grün-Blau, Reste
* Stoff innen: Baumwollstoff uni in Apricot, Grün und Blau, Reste
* Volumenvlies H 640, Rest
* farblich passende Samtbänder, 7 mm breit, Reste
* Reißverschluss in Orange, Mint und Türkis, je 12 cm
* Textilkleber

AUFHÄNGER
* farblich passende Dekobänder, Reste
* 3 Handy-Anhänger

Zuschnitt
Siehe „So wird's gemacht".

Anleitung

Macarons
Grundmodell siehe „So wird's gemacht".

Aufhänger
Jeweils farblich passendes Dekoband durch die Aufhängerschlaufe und durch eine Anhänger-Öse fädeln und zur Schleife binden.

Zum Anbeißen schön

Petit Fours mit Röschen

GRÖSSE
ca. 3,8 cm

MATERIAL
MACARONS

* Stoff außen: Baum-
wollstoff gemustert
in Pink-Grün und
Pink-Weiß, Reste

* Stoff innen: Baum-
wollstoff Pepita in
Schwarz-Weiß und
Vichykaro in Grün-
Weiß, Reste

* Volumenvlies H 640,
Rest

* farblich passendes
Satin- oder Ripsband,
7 mm breit, Rest

* Reißverschluss in
Apricot und Türkis,
je 12 cm

* Kordelband in
Grün und Türkis,
3 mm breit, 20 cm

* Satinröschen in
Rosa und Pink,
ø 10 mm

* Füllwatte, Rest

* Textilkleber

PRO AUFHÄNGER

* 58 Rocailles Perlmutt
in Grün oder Türkis,
3 mm

* Nylon Coated, 30 cm

* Knebelverschluss

* 2 Kalotten

* 4 Quetschperlen

* Karabiner mit Biege-
ring

* Biegering

WERKZEUG

* Seitenschneider

* Rosenkranzzange

* Flachzange

Zuschnitt

Siehe „So wird's gemacht".

Hinweis: Das Unterteil außen in grünem Vichykaro bzw.
schwarz-weißem Pepita zuschneiden.

Anleitung

Macarons

Grundmodell siehe „So wird's gemacht".

1 Den Stoff fürs Oberteil zunächst nur zur Hälfte über die Metallkappe ziehen (siehe „So wird's gemacht"). Das Oberteil mit
wenig Füllwatte unterpolstern, sodass sich der Mittelpunkt leicht
erhöht, dann die Kappe vollständig überziehen.

2 Vor dem Annähen des Oberteils auf den Reißverschluss
(siehe „So wird's gemacht") das Kordelband entlang der Außenkante rundum mit Textilkleber festkleben, dabei die Enden verkleben und in das Kappeninnere legen.

3 Anschließend je 1 Satinröschen mittig auf das Oberteil nähen.
Beim Röschen in Pink zuvor das „Blatt" entfernen.

Aufhänger

Perlenaufhänger in Grün bzw. Türkis mit Nylon Coated anfertigen
(siehe „So wird's gemacht").

Den Perlenaufhänger in Grün mit Knebelverschluss arbeiten.
Dafür zunächst den Perlenaufhänger mit geöffneten Kalotten
durch die Aufhängerschlaufe fädeln. Dann jeweils ein Knebel-
verschlussteil an je ein Ende in die Kalotte einhängen und mit
der Zange verschließen (siehe „So wird's gemacht").

Den Perlenaufhänger in Türkis an einem Ende mit einem Karabi-
nerverschluss versehen (siehe „So wird's gemacht"). Den Biegering mithilfe der Zange aufbiegen (siehe „So wird's gemacht"), in
die Reißverschluss-Schlaufe einhängen und verschließen. Am
anderen Ende die Kalotte in den Biegering einhängen und mit
der Zange verschließen.

Zuckersüßer Hingucker

Blumentörtchen mit Perlenrand

GRÖSSE
ca. 3,8 cm

MATERIAL
MACARON

* Stoff außen: Baumwollstoff gemustert in Ecru-Blau, Rest
* Stoff innen: Baumwollstoff mit Tupfen in Ecru-Blau, Rest
* Volumenvlies H 640, Rest
* Ripsband in Ocker, 7 mm breit, Rest
* Metallreißverschluss in Hellblau, 12 cm
* Blütenknopf in Pink, ø 30 mm
* Glasperle in Blau, 6 mm
* 32 Glasperlen in Blau, 4 mm
* Füllwatte, Rest
* Textilkleber

AUFHÄNGER UND REISSVERSCHLUSS-ZIPPER

* Dekoband mit Streifen in Blau-Weiß, 15 mm breit, 30 cm
* Ripsband in Ocker, 7 mm breit, Rest

WERKZEUG
Seitenschneider

Zuschnitt

Siehe „So wird's gemacht".

Anleitung

Macaron

Grundmodell siehe „So wird's gemacht".

1 Nach dem Fertigstellen des Macarons den Blütenknopf mit Perle (6 mm) mittig auf das Oberteil nähen.

2 Die Glasperlen (4 mm) entlang der oberen Außenkante dicht aneinandernähen und am Ende noch einmal durch alle Perlen hindurchfädeln. Den Faden vernähen.

Aufhänger und Reißverschlusszipper

1 Für den Aufhänger das Dekoband durch die Aufhängerschlaufe fädeln.

2 Den Original-Reißverschlusszipper mit dem Seitenschneider abzwicken, dafür das Ripsband durchfädeln und verknoten.

Mein Tipp für Sie

Richtige Nähnadel Verwenden Sie für die Perlen eine Nähnadel mit kleinem Nadelöhr.

Zum Dahinschmelzen

Schokoladentörtchen mit Rose

GRÖSSE
ca. 3,8 cm

MATERIAL
MACARON

* Stoff außen: Baumwoll-
stoff mit Tupfen in Braun-
Beige, Rest

* Stoff innen: Baumwoll-
stoff Pepita in Rosa, Rest

* Volumenvlies H 640, Rest

* Satinband in Rosa,
7 mm breit, Rest

* Reißverschluss in Creme,
12 cm

* Litze oder Kordel in
Schoko, 3 mm breit,
80 cm

* Satinrose in Rosa,
ø 10 mm

* Füllwatte, Rest

* Textilkleber

AUFHÄNGER
* Dekoband mit Streifen
in Hellbraun-Schoko,
15 mm breit, 30 cm

Zuschnitt

Siehe „So wird's gemacht".

Anleitung

Macaron

Grundmodell siehe „So wird's gemacht".

1 Den Stoff fürs Oberteil zunächst nur
zur Hälfte über die Metallkappe ziehen
(siehe „So wird's gemacht"). Das Oberteil
mit wenig Füllwatte unterpolstern, sodass sich der Mittelpunkt leicht erhöht,
dann die Kappe vollständig überziehen.

2 Von der Litze bzw. Kordel 20 cm abschneiden. Vor dem Annähen des Oberteils
auf den Reißverschluss (siehe „So wird's

gemacht") die Litze bzw. Kordel entlang
der Außenkante mit Textilkleber rundum ankleben, dabei die Enden verkleben
und in das Kappeninnere legen.

3 Nach dem Fertigstellen des Macarons die restliche Litze bzw. Kordel an
den Enden verknoten und bündeln (um
zwei Finger aufwickeln und das Ende
mittig umwickeln).

4 Die Bündelmitte mit der Rose deko-
rieren, dabei das Bündel vernähen. Das
Bündel mittig auf das Oberteil nähen.

Aufhänger

Das Dekoband durch die Reißverschluss-
Schlaufe ziehen.

Klein und niedlich

Macaron mit Eichhörnchen

GRÖSSE
ca. 3,8 cm

MATERIAL
MACARON

* Stoff außen: Baumwollstoff
  mit Eichhörnchen in Blau-Ecru,
  Rest

* Stoff innen: Baumwollstoff
  mit Streifen in Blau-Ecru, Rest

* Volumenvlies H 640, Rest

* Vichykaroband in Rot-Weiß,
  7 mm breit, Rest

* Reißverschluss in Weiß, 12 cm

* Baumwollspitze mit Bogenkante, 10 mm breit, 20 cm

* Baumwollkordel in Rot-Weiß,
  3 mm breit, 20 cm

* Schmuckanhänger in Altsilber,
  je 1 Herz, Rose, Kreuz, ø 12 mm

* Textilkleber

AUFHÄNGER

* Vichykaroband in Rot-Weiß,
  7 mm breit, 34 cm

Zuschnitt
Siehe „So wird's gemacht".

Anleitung

Macaron
Grundmodell siehe „So wird's gemacht".

1 Vor dem Annähen des Oberteils auf
den Reißverschluss (siehe „So wird's
gemacht") zunächst die Baumwollspitze
entlang der Außenkante mit Textilkleber
rundum aufkleben, dabei die Bögen
über den Kappenrand stehen lassen.

2 Die Kordelenden verknoten und
die Kordel entlang der unteren Spit-
zenkante aufkleben. Dabei in Höhe
der Aufhängerschlaufe beginnen und
einen Überstand stehen lassen, um die
Kordelenden zum Schluss zu verknoten.

3 Den Herz-Anhänger von Hand an
ein Kordelende nähen.

Hinweis: **Beim Annähen des
Oberteils an den Reißverschluss
sollte die Aufhängerschlaufe
oben liegen, damit das Eichhörnchen nicht auf dem Kopf steht.**

Aufhänger
Das Vichykaroband durch die Reißverschluss-Schlaufe fädeln, an je ein Ende
das Kreuz und die Rose knoten und
beide Enden miteinander verknoten.

Für Glückspilze

Rosenherz mit Anhängern

GRÖSSE
ca. 3,8 cm

MATERIAL
MACARON

* Stoff außen: Baumwollstoff kariert in Braun-Weiß, Rest
* Stoff innen: Baumwollstoff Vichykaro in Rot-Weiß, Rest
* Volumenvlies H 640, Rest
* Vichykaroband in Rot-Weiß, 5 mm breit, Rest
* Reißverschluss in Weiß, 12 cm
* Zackenlitze in Weiß, 10 mm breit, 40 cm
* Karoherz aus Bordüre in Rot-Weiß, 25 mm x 20 mm
* Satinröschen in Rot, ø 10 mm
* 2 Glaspilze in Rot-Weiß, ø 15 mm
* Textilkleber

AUFHÄNGER

* Baumwollkordel in Rot-Weiß, 2-3 mm breit, 40 cm

VORLAGE
Umschlagklappe

Zuschnitt

Siehe „So wird's gemacht".

Anleitung

Macaron

Grundmodell siehe „So wird's gemacht".

1 Vor dem Überziehen der Oberteilkappe (siehe „So wird's gemacht") das Karoherz mit Klebstoff mittig fixieren und die Rose mittig auf das Herz nähen.

2 Vor dem Annähen des Ober- bzw. Unterteils auf den Reißverschluss (siehe „So wird's gemacht") zunächst die Zackenlitze entlang der Außenkante mit Textilkleber rundum aufkleben, dabei die Bögen über den Kappenrand stehen lassen.

Hinweis: Beim Annähen des Oberteils auf den Reißverschluss sollte die Aufhängerschlaufe oben liegen, damit das Herz nicht auf dem Kopf steht.

Aufhänger

Das Kordelband durch die Aufhängerschlaufe fädeln, jeweils an ein Ende einen Pilz auffädeln und mit einem Knoten fixieren. Beide Kordelenden miteinander verknoten.

> **Mein Tipp für Sie**
>
> **Kordel leicht einfädeln** Um die Kordel besser durch den Pilz zu fädeln, die Enden mit Textilkleber fixieren und eventuell schräg abschneiden.

Tierisch niedlich

Hirsche im Doppelpack

GRÖSSE
ca. 3,8 cm

MATERIAL
MACARON
* Stoff außen: Baumwollstoff Vichykaro in Hellblau-Weiß, Rest
* Stoff innen: Baumwollstoff Vichykaro in Rot-Weiß, Rest
* Volumenvlies H 640, Rest
* Vichykaroband in Rot-Weiß, 7 mm breit, Rest
* Reißverschluss in Hellblau, 12 cm
* Baumwollband Vichykaro in Rot-Weiß, 7 mm breit, Rest
* elastisches Spitzenband in Hellblau, 10 mm breit, 20 cm
* 2 Hirschknöpfe Perlmutt, je 20 mm x 23 mm
* Textilkleber

AUFHÄNGER
* Schlüsselring oval
* Biegeöse
* Herz-Metallanhänger mit Öse in Rot, 20 mm x 20 mm

WERKZEUG
* Rosenkranzzange
* Flachzange

Zuschnitt
Siehe „So wird's gemacht".

Anleitung

Macaron
Grundmodell siehe „So wird's gemacht".

1 Vor dem Überziehen der Oberteilkappe (siehe „So wird's gemacht") die Hirsche einander zugewandt mittig aufnähen. Das Vichykaroband zur Schleife binden und direkt darüber aufnähen.

2 Vor dem Annähen des Oberteils auf den Reißverschluss (siehe „So wird's gemacht") zunächst das Spitzenband entlang der Außenkante mit Textilkleber rundum aufkleben, dabei die Bögen über den Kappenrand stehen lassen.

Hinweis: Beim Annähen des Oberteils auf den Reißverschluss sollte die Aufhängerschlaufe oben liegen, damit die Hirsche nicht auf dem Kopf stehen.

Aufhänger
1 Mit der Rosenkranz- und der Flachzange die Öse am Ende der Schlüsselringkette aufbiegen (siehe „So wird's gemacht"), in die Aufhängerschlaufe einhängen und zubiegen.

2 Die Biegeöse auf die gleiche Weise öffnen, das Herz einhängen, in die Schlüsselringkette einhängen und zubiegen.

Kugelrunder Blickfang

Schwarzwälder Bollenhut

GRÖSSE
ca. 3,8 cm

MATERIAL
MACARON

* Stoff außen: Baumwollstoff Vichykaro in Rot-Weiß, Rest
* Stoff innen: Baumwollstoff mit Kreisen in Rot-Weiß, Rest
* Volumenvlies H 640, Rest
* Vichykaroband in Rot-Weiß, 7 mm breit, Rest
* Reißverschluss in Weiß, 12 cm
* Pomponband in Rot (7 Pompons), je ø 10 mm
* 16 Rocailles Opak in Rot, 2 mm
* aufbügelbare Folie für Applikationen
* Taschenkarabiner, 45 mm mit Ring, 20 mm
* Textilkleber

AUFHÄNGER
* Vichykaroband in Rot-Weiß, 10 mm breit, 30 cm

VORLAGE
Umschlagklappe

Zuschnitt

Siehe „So wird's gemacht".

Anleitung

Macaron

Grundmodell siehe „So wird's gemacht".

1 Vor dem Kräuseln des inneren Unterteils (siehe „So wird's gemacht") zunächst die Herz-Applikation herstellen. Dafür das Herzmotiv auf Bügelfolie übertragen, grob ausschneiden und nach Herstelleranleitung mittig auf das Unterteil bügeln.

2 Die Rocailles mit 3-4 mm Abstand entlang der Herzaußenkante aufnähen. Dann nach der Grundanleitung (siehe „So wird's gemacht") weiterarbeiten.

3 Nach dem Fertigstellen des Macarons 7 Pompons vom Band abschneiden und mit Textilkleber mittig auf das Oberteil kleben.

Aufhänger

Das breite Vichykaroband durch die Aufhängerschlaufe und den Karabinerring fädeln und verknoten.

Wünsch dir was

Sternschnuppe mit Innentäschchen

GRÖSSE
ca. 3,8 cm

**MATERIAL
MACARON**
* Stoff außen: Baumwollstoff
  mit Sternen in Blau-Ecru, Rest
* Stoff innen: Baumwollstoff
  mit Streifen in Blau-Ecru, Rest
* Volumenvlies H 640, Rest
* Satinband in Hellgrau,
  4 mm breit, Rest
* Reißverschluss in Hellblau,
  12 cm
* Sternknopf in Hellblau,
  ø 15 mm
* Textilkleber

AUFHÄNGER
* Vichykaroband in Blau-Weiß,
  10 mm breit, 30 cm

Zuschnitt

Siehe „So wird's gemacht".
Aus dem Baumwollstoff mit Sternen
einen dritten Kreis von ø 7 cm für das
Innentäschchen zuschneiden.

Anleitung

Macaron

Grundmodell siehe „So wird's gemacht".

1 Vor dem Kräuseln des inneren Unterteils (siehe „So wird's gemacht")
zunächst den dritten Kreis (Innentasche)

l-a-l zur Hälfte bügeln und entlang
der gebogenen Kante bündig r-a-r
auf den unteren Innenkreis stecken.
Dann einkräuseln und dabei den
Halbkreis mitfassen.

2 Nach dem Fertigstellen des Macarons den Sternknopf mittig auf das
Oberteil nähen.

Aufhänger

Das breite Vichykaroband durch die Aufhängerschlaufe fädeln und verknoten.

Hat sich vielleicht ein Schatz
in diesem Macaron versteckt?

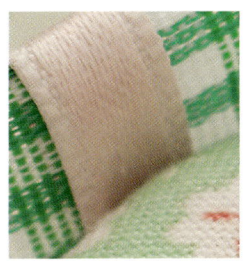  

Für Prinzen oder Prinzessinnen

Macaron mit Krone

GRÖSSE
ca. 3,8 cm

MATERIAL
MACARON
* Stoff außen: Baumwollstoff mit Blumen in Grün-Rosa, Rest
* Stoff innen: Baumwollstoff mit Mäander in Grün-Ecru, Rest
* Volumenvlies H 640, Rest
* Gewebeeinlage G 700, Rest
* Satinband in Rosa, 5 mm breit, Rest
* Reißverschluss in Pastellgelb, 12 cm
* 49 Rocailles in Grün, 2 mm
* 3 Facettenperlen in Rot, 4 mm
* Textilkleber

AUFHÄNGER
* Vichykaroband in Grün-Weiß, 10 mm breit, 30 cm

VORLAGE
Umschlagklappe

Zuschnitt

Siehe „So wird's gemacht".
Jeweils noch 1 Kreis von ø 7 cm aus
Gewebeeinlage für das Oberteil außen
zuschneiden.

Anleitung

Macaron

Grundmodell siehe „So wird's gemacht".

1 Den Gewebeeinlagen-Kreis von
links auf das Oberteil bügeln. Vor dem
Überziehen der Oberteilkappe (siehe
„So wird's gemacht") die Krone nach
Vorlage mittig auf das Oberteil übertragen und mit Perlen aussticken. Dabei
die Rocailles Reihe für Reihe dicht an
dicht aufnähen und jede Reihe noch
einmal durch jede Perle zurückfädeln.

2 An den Kronenspitzen
je 1 Facettenperle aufnähen.

Aufhänger

Das Vichykaroband durch die
Aufhängerschlaufe fädeln.

Das ideale Versteck für kleine Geheimnisse.

Verspielt und edel

Macaron mit Schmetterling

GRÖSSE
ca. 3,8 cm

MATERIAL
MACARON
* Stoff außen: Baumwollstoff mit Schmetterlingen in Rosa, Rest
* Stoff innen: Baumwollstoff mit Blumen in Rosa, Rest
* Volumenvlies H 640, Rest
* Gewebeeinlage G 700, Rest
* Satinband in Lila, 3 mm breit, Rest
* Reißverschluss in Pink, 12 cm
* 52 Rocailles Perlmutt in Blau, 2 mm
* 2 Glasperlen in Blau, 4 mm
* Textilkleber

AUFHÄNGER
* Satinband mit Tupfen in Pink-Weiß, 10 mm breit, 30 cm

Zuschnitt

Siehe „So wird's gemacht".
Jeweils noch 1 Kreis von ø 7 cm aus Gewebeeinlage für das Oberteil außen zuschneiden.

Anleitung

Macaron

Grundmodell siehe „So wird's gemacht".

1 Den Gewebeeinlagen-Kreis von links auf das Oberteil bügeln. Vor dem Überziehen der Oberteilkappe (siehe „So wird's gemacht") die Rocailles entlang der inneren Schmetterlingskonturen aufsticken (siehe Foto). Dabei die Rocailles dicht an dicht aufnähen und jede Reihe noch einmal durch jede Perle zurückfädeln.

2 Seitlich an den Flügeln je 1 Glasperle aufnähen (siehe Foto).

Aufhänger

Das Satinband durch die Aufhängerschlaufe fädeln.

Zum Verlieben schön

mein Herzblatt

GRÖSSE
ca. 3,8 cm

**MATERIAL
MACARON**
* Stoff außen: Baum-
  wollstoff mit Streifen
  in Ecru-Lila, Rest
* Stoff innen: Baum-
  wollstoff mit Stern-
  chen in Ecru-Lila, Rest
* Volumenvlies H 640,
  Rest
* Satinband in Lila,
  3 mm breit, Rest
* Reißverschluss in
  Weiß, 12 cm
* Satinband in Lila,
  3 mm breit, 10 cm
* 27 Rocailles Perlmutt
  in Lila, 3 mm
* Baumwollstickgarn
  in Lila
* Textilkleber

AUFHÄNGER
* Taschenkarabiner,
  4,5 cm mit Ring, 2 cm
* Samtband in Lila,
  10 mm breit, 15 cm

VORLAGE
Umschlagklappe

Zuschnitt

Siehe „So wird's gemacht".
Zusätzlich noch 1 Kreis aus Volumenvlies (ø 38 mm) für das Oberteil außen
zuschneiden.

Anleitung

Macaron

Grundmodell siehe „So wird's gemacht".

1 Vor dem Überziehen der Oberteil-
kappe (siehe „So wird's gemacht") das
Volumenvlies von links mittig auf das
Oberteil bügeln.

2 Anschließend das Herzmotiv im
Kreuzstich nach Vorlage auf das Oberteil
sticken. Danach zwischen jeden Stich je
1 Rocaille nähen.

3 Zum Schluss das Satinband (10 cm)
zur Schleife binden und auf die Herzspitze kleben.

Aufhänger

Den Karabinerring durch die Aufhängerschlaufe fädeln. Das Samtband durch
die Karabineröse und den Ring fädeln.
Die Enden l-a-l aufeinanderlegen, mit 1 cm
Abstand zusammennähen. Die NZG aus-
einanderbügeln, das Samtband auf rechts
drehen und die Karabineröse mittig in die
NZG legen. Das Samtband von rechts dicht
an der Öse aufeinandersteppen.

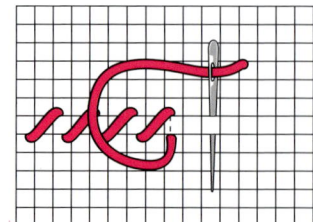
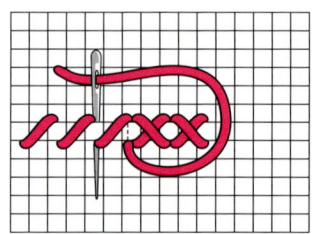

Für besondere Anlässe

romantisches Rosenherz

GRÖSSE
ca. 3,8 cm

MATERIAL
MACARON

* Stoff außen: Baumwollstoff mit Blümchen in Rosa, Rest
* Stoff innen: Baumwollstoff mit Tupfen in Rosa, Rest
* Volumenvlies H 640, Rest
* Samtband in Grün, 7 mm breit, Rest
* Reißverschluss in Rosa, 12 cm
* Kordelband in Grün, 3 mm breit, 45 cm
* 13 Satinröschen in Altrosa, ø 10 mm
* Textilkleber

AUFHÄNGER

* Kordelband in Rosa, 10 mm breit, 20 cm
* Verschlusskappe in Silber, ø 8 mm

VORLAGE
Umschlagklappe

Zuschnitt

Siehe „So wird's gemacht".

Anleitung

Macaron

Grundmodell siehe „So wird's gemacht".

1 Vor dem Überziehen der Oberteilkappe (siehe „So wird's gemacht") das Herzmotiv nach Vorlage auf das Oberteil übertragen.

2 Nach Fertigstellen des Macarons die Satinröschen innerhalb der Herzkonturen dicht aneinander auf das Oberteil aufkleben.

3 Anschließend das grüne Kordelband entlang der Herzkontur fixieren und die Enden an der Herzspitze zur Schleife binden. Die Kordelenden verknoten und den Überhang abschneiden.

Hinweis: Die Aufhängerschlaufe großzügig überstehen lassen, damit später die dicke Kordel durchgefädelt werden kann.

Aufhänger

Das rosa Kordelband durch die Aufhängerschlaufe fädeln, die Enden jeweils in eine Verschlusskappe kleben und über Nacht trocknen lassen.

Mit französischem Esprit

Madame et Monsieur

GRÖSSE
ca. 3,8 cm

MATERIAL
MACARONS

* Stoff außen: Baumwollstoff Toile de Jouy in Taupe-Lila und Lila-Taupe, Reste
* Stoff innen: Baumwollstoff mit Sternchen in Ecru-Lila und Ecru-Taupe, Reste
* Volumenvlies H 640, Rest
* Satinband in Taupe, 3 mm breit, Rest
* 2 Reißverschlüsse in Weiß, je 12 cm
* elastische Bogenkante in Taupe, 10 mm breit, 40 cm
* 13 Rocailles in Lila, 2 mm
* Textilkleber

AUFHÄNGER

* Ankerkette in Silber, ø 1 mm, 40 cm
* 2 Karabiner in Silber
* 4 Biegeösen in Silber

WERKZEUG

* Rosenkranzzange
* Flachzange
* Seitenschneider

Zuschnitt

Siehe „So wird's gemacht".

Anleitung

Macarons

Grundmodell siehe „So wird's gemacht".

1 Vor dem Annähen des Oberteils auf den Reißverschluss („So wird's gemacht") die Bogenkante entlang der Außenkante rundum mit Textilkleber aufkleben, dabei die Bögen über den Kappenrand stehen lassen.

2 Nach Fertigstellen der Macarons jeweils die Rocailles aufnähen: Madame bekommt eine Halskette aus 6 Rocailles, Monsieur eine kleine Blume am Hut aus 7 Rocailles (siehe Foto).

Hinweis: Beim Annähen des Oberteils auf den Reißverschluss sollte die Aufhängerschlaufe oben liegen, damit jeweils der Kopf nicht auf dem Kopf steht.

Aufhänger

Mit dem Seitenschneider jeweils 20 cm von der Ankerkette abschneiden (siehe „So wird's gemacht"). Jeweils eine Ankerkette durch den Aufhänger fädeln und den Karabiner mit einer Biegeöse bzw. einer einzelnen Biegeöse an je einem Ende anbringen.

Für eine persönliche Note

Macarons mit Initialen

GRÖSSE
ca. 3,8 cm

MATERIAL
MACARONS

* Stoff außen: Baumwollstoff mit Kreisen in Blau-Ecru und mit Rosen in Ecru-Rosa, Reste
* Stoff innen: Baumwollstoff mit Mäander in Blau-Ecru und mit Medaillons in Ecru-Rosa, Reste
* Volumenvlies H 640, Rest
* Gewebeeinlage G 700, Rest
* Satinband in Hellgrau und Rosa, 4 mm breit, Reste
* Reißverschluss in Hellblau und Rosa, je 12 cm
* Baumwollspitze in Weiß und Rosa, 20 mm breit, Reste
* Kordelband in Hellblau und Grün, 3 mm breit, je 20 cm
* Satinröschen in Blau und in Pink, ø 10 mm
* Stickgarn in Blau und Rosa, Reste
* Textilkleber

AUFHÄNGER

* Kordelband in Hellblau und Grün, 3 mm breit, je 35 cm

VORLAGE
Umschlagklappe

Zuschnitt

Siehe „So wird's gemacht".
Jeweils noch 1 Kreis von ø 7 cm aus Gewebeeinlage für das Oberteil außen zuschneiden. Außerdem die Baumwollspitze für die Innentasche jeweils 7 cm lang zuschneiden.

Anleitung

Macarons

Grundmodell siehe „So wird's gemacht".

1 Den Gewebeeinlagen-Kreis von links auf das Oberteil bügeln. Vor dem Überziehen der Oberteilkappe (siehe „So wird's gemacht") jeweils die gewünschte Initiale nach Vorlage mittig auf das Oberteil übertragen. Die Initiale mit Stickgarn in Blau bzw. Rosa mit Plattstich (siehe unten) aufsticken.

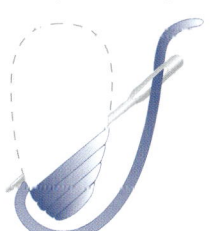

Auf der Konturlinie oder knapp außerhalb ausstechen, den Faden über die zu füllende Fläche führen und auf der Konturlinie oder knapp außerhalb wieder einstechen. Die Stiche gleichmäßig dicht nebeneinander sticken.

2 Dann die Oberteilkappe beziehen und Kordelband in Blau bzw. Grün jeweils rundum entlang der Außenkante aufkleben. Dabei die Enden verkleben und in der Kappe enden lassen.

3 Die Baumwollspitze wird zur Eingriffstasche: Dafür vor dem Kräuseln des inneren Unterteils (siehe „So wird's gemacht") die Baumwollspitze jeweils von rechts mittig auf das innere Unterteil aufstecken, sodass die Spitzen genau auf der Hälfte des Kreises liegen. Das Spitzenband an der unteren Kante knappkantig aufsteppen. Dann die äußeren Kanten jeweils einkräuseln, dabei das Spitzenband mitfassen.

4 Nach Fertigstellen der Macarons jeweils ein Satinröschen auf das Oberteil nähen.

Aufhänger

Das Kordelband jeweils durch die Aufhängerschlaufe fädeln und die Enden verknoten.

Nadja Knab-Leers lebt mit ihrem Mann und ihrem Sohn im südbadischen Waldkirch. Kreativität zieht sich wie ein roter Faden durch ihr Leben und ihre Arbeit. So war ihr schon bald nach der Ausbildung zur Mode-Direktrice klar, dass nicht nur Stoffe ihr Gestaltungsmedium sein sollten. Auch für dieses Buch war sie auf der Suche nach Dingen, die etwas Besonderes an sich haben – frei nach dem Motto: „Kleine Dinge in Szene zu setzen macht Alltägliches zu etwas Besonderem und vermittelt Lebensfreude." Weitere Informationen zu Nadja Knab-Leers finden Sie auf ihrer Homepage www.stilzauberei.de.

DANKE!

Wir danken den folgenden Firmen für Ihre Unterstützung:
Coats GmbH, Kenzingen
www.coatsgmbh.de
Gütermann GmbH,
Gutach-Breisgau
www.guetermann.com
Prym Consumer GmbH, Stolberg
www.prym-consumer.com
Jim Knopf GmbH & Co. KG,
Offenbach a. M.
www.jim-knopf-shop.de

TOPP – Unsere Servicegarantie

WIR SIND FÜR SIE DA! Bei Fragen zu unserem umfangreichen Programm oder Anregungen freuen wir uns über Ihren Anruf oder Ihre Post. Loben Sie uns, aber scheuen Sie sich auch nicht, Ihre Kritik mitzuteilen – sie hilft uns, ständig besser zu werden.

Bei Fragen zu einzelnen Materialien oder Techniken wenden Sie sich bitte an unseren Kreativservice, Frau Erika Noll.
mail@kreativ-service.info
Telefon 0 50 52 / 91 18 58

Das Produktmanagement erreichen Sie unter:
pm@frechverlag.de
oder:
frechverlag
Produktmanagement
Turbinenstraße 7
70499 Stuttgart
Telefon 07 11 / 8 30 86 68

LERNEN SIE UNS BESSER KENNEN! Fragen Sie Ihren Hobbyfach- oder Buchhändler nach unserem kostenlosen Magazin **Meine kreative Welt**. Darin entdecken Sie dreimal im Jahr die neuesten Kreativtrends und interessantesten Buchneuheiten.

Oder besuchen Sie uns im Internet! Unter **www.topp-kreativ.de** können Sie sich über unser umfangreiches Buchprogramm informieren, unsere Autoren kennenlernen sowie aktuelle Highlights und neue Kreativtechniken entdecken, kurz – die ganze Welt der Kreativität.

Kreativ immer up to date sind Sie mit unserem monatlichen **Newsletter** mit den aktuellsten News aus dem frechverlag, Gratis-Anleitungen und attraktiven Gewinnspielen.

IMPRESSUM

FOTOS: frechverlag GmbH, 70499 Stuttgart; lichtpunkt, Michael Ruder, Stuttgart
FOTOSTYLING: Nadja Knab-Leers
PRODUKTMANAGEMENT: Anna Bender
LEKTORAT: no:vum, Susanne Noll, Hennef
GESTALTUNG: Petra Theilfarth
DRUCK: Sachsendruck Plauen GmbH, Plauen   PRINTED IN GERMANY

1. Auflage 2014

© 2014 **frechverlag** GmbH, 70499 Stuttgart

ISBN 978-3-7724-6936-7 • Best.-Nr. 6936